Der Soldatenkönig Friedrich Wilhelm I.

„Fieckchen steh' auf,
ich muß sterben..."

PODZUN – PALLAS – VERLAG

UNSER AUTOR

Carl Hans Hermann, geboren 1916 in Bonn. 1938 – 1945 Berufsoffizier in der Panzerwaffe. Ab 1946 Studium an der Universität Erlangen. Promotion zum Dr. phil. 1949. Er war seit 1956 in der Bundeswehr Lehroffizier für Militärgeschichte und bis 1974 als Oberst i.G. Referatsleiter für Militärwissenschaft im Führungsstab der Streitkräfte. Veröffentlichungen (u. a.): "Deutsche Militärgeschichte", 1966.

Herstellung: MBH-Druck, Saarbrücken
Composersatz: Heidi Mangold
ISBN: 3-7909-0187-3

INHALT

Friedrich Wilhelm I. – 1688 bis 1740

EINLEITUNG

Der Hohenzoller Friedrich Wilhelm I., brandenburgischer Kurfürst und König in Preußen, heißt vor der Geschichte der "Soldatenkönig". Diese Bezeichnung resultiert zwar aus seiner augenfälligsten Tat, nämlich dem Aufbau einer schlagkräftigen bewaffneten Macht zum Zwecke der "Conservation des Staates" aus der Defensive heraus – wir würden heute "Abschreckung" sagen – fängt indessen nur zum geringeren Teil die Lebensleistung des Monarchen ein. Denn diese liegt in ihrer Gesamtheit darin, daß außerdem dieser Mann zum einen einer anfangs verdrossenen und widerwilligen Bevölkerung in 27 Regierungsjahren ein in seiner Einfachheit und Strenge überzeugendes Staatswesen aufprägt, das – aus den geistigen Strömungen seiner Zeit entwickelt – allein deshalb so fasziniert, weil es für die damalige Welt als modernstes Gemeinwesen zu gelten hat, und zum anderen darüber hinaus seinen Untertanen eine moralische Haltung und eine Arbeitsdisziplin anerzieht, die als Staatsethos den festen Begriff "Preußentum" geprägt haben. Wie man aus heutigen Zielvorstellungen Licht und Schatten dieser Staatsgründung bewertet, bleibt für das Gewicht des Geschehens vor 300 Jahren bedeutungslos. Denn ein Urteil hat nur dann Geltung, wenn es vermag, hierzu allein aus der historischen Situation das Vergangene freizulegen – und aus nichts sonst!

Daß dieser eigentliche Gründer Preußens ein maßloser Polterer und brutaler Klotz gewesen sei, das ist nicht zu leugnen. Aber: Wiederum faßt diese Kennzeichnung, die wie jedes Schlagwort tödlich sein kann, das Persönlichkeitsbild Friedrich Wilhelms I. nur halb. Vor allem ist er ein Souverän, der ohne Pomp oder barocken Prunk, bei einfacher Lebensführung unter unsäglichen körperlichen Qualen, sich in seiner ihm auferlegten Verantwortung für Preußen zerarbeitet, so daß er, "Statthalter und Amtmann Gottes auf Erden", mit 52 Jahren buchstäblich verbraucht ist. Welcher Regent im 18. Jahrhundert kann das von sich sagen?

Diese Fixpunkte – Heeresreorganisation, Staatsreform, Preußentum – einer Wertung sowohl in der Demonstration von Persönlichkeit und Charakter als auch in der Darstellung der Lebensleistung voranzustellen, erscheint unerläßlich. In einem solchen Umriß bietet sich zugleich die große Verlockung an, eine Bilanz auch unter dem Aspekt des "Was blieb?" zu sehen, um andererseits festzustellen, was im Lauf von drei Jahrhunderten verlorenging.

Friedrich Wilhelm I.

LEBEN UND WERK

Jugend

Der Große Kurfürst stirbt am 9. Mai 1688 in Potsdam. 3 1/2 Monate später wird seinem Sohn, dem Kurfürsten Friedrich III. von Brandenburg, und dessen Gattin Sophie Charlotte am 14. August in Coelln an der Spree ein Sohn geboren, der nach seinem bedeutenden Großvater väterlicherseits Friedrich Wilhelm getauft wird. Schon mit sieben Wochen erhält das Baby, das man nach Hannover gibt, in Frau von Hartung seine Bezugsperson. Sowohl der Hof seines Großvaters mütterlicherseits, des Kurfürsten Ernst August I. von Hannover, als auch ab 1691 der Berliner Hof erleiden unter dem kleinen Wildfang ihre Plage. Sicher, der eigenwillige Querkopf ist ein blonder, hübscher Bub und ein Tyrann wie tausend andere in diesem Alter. Vor allem jedoch wird er ein verwöhnter Liebling seiner Mutter, der nach und nach zeigt, daß er über eine erschreckende Unausgeglichenheit und ebensolchen Starrsinn verfügt. Laufen doch in ihm die Erbanlagen der Häuser Hannover, Hohenzollern, Oranien und Stuart zusammen!

Da der lebhafte Junge auf seine Führungsverantwortung als künftiger Regent vorbereitet werden muß, entwirft niemand anderer als Paul Freiherr von Fuchs, ein bewährter Vertrauter des Vaters, eine erste, von pädagogischen Leitgedanken des Philosophen Gottfried Wilhelm von Leibniz und des Theologen August Hermann Francke durchzogene Erziehungsanweisung. Doch, was aus diesem Gedankengebäude wird, ist die Katastrophe schlechthin! Denn die unharmonische Ehe der Eltern, in der die Mutter die Aversion des Sohnes gegen den Vater nährt, schlägt sich nicht nur in einem Hin- und Hergezerre und im Machtkampf aller gegen alle nieder; auch die Erzieher erweisen sich in dieser Parteiung als Problem.

Der erste König in Preußen: Friedrich I., der Vater von Friedrich Wilhelm. Der Volksmund nannte ihn, da er mit einer Verwachsung geboren worden war, den "Schiefen Fritz".

Während die Mutter aus dem Sohn den aristrokratischen Kavalier und Weltmann, der sowohl Meister von Degen und Feder als auch von l'amour et la femme sein soll, zum künftigen Landesfürsten heranbilden will, strebt der leitende Minister Eberhard von Danckelmann im Auftrag des Vaters als Fundament eine eher puritanische, auf Gottesfurcht und Arbeitswillen gegründete Erziehung an. Kein Wunder, daß 1695 dieser Dissens noch durch den schrulligen ersten Hauptlehrer Johann Friedrich Cramer vertieft wird. Das geradezu verheerende Ergebnis ist eine beispiellose Bockigkeit des Schülers, dessen letztlich "totaler Frust" sich in den wildesten Ausbrüchen entlädt oder in entnervendem Desinteresse offenbart. Der für die Erziehung verantwortliche Gouverneur, Graf Alexander von Dohna, hat ab 1697 mit Cramers Nachfolger, dem Hugenotten Jean Philippe Rebeur, der aber schon 1703 stirbt, im Kampf mit dem Zehnjährigen mehr Erfolg. Allein, nichts offenbart z. B. die bestürzende Ausweglosigkeit des Kurprinzen deutlicher als die Explosion "Unser Herrgott ist ein Teufel", als Rebeur ihn anhand der Prädestinationslehre davon überzeugen will, daß Gott ihn strafe, wenn er nicht zu den Auserwählten gehöre. 1702 ist der Höhepunkt der Flegeljahre erreicht. Doch gerade in einer so frühen, den Menschen nachhaltig prägenden Entwicklungsphase wird man das teils erschreckend unsystematische Lernen, das dann wieder im Lehrstoff maßlose Programm, das pausenlos über den Tag gedehnt dennoch vollste Konzentration verlangt, sowie die gespaltene Umweltsituation hervorheben müssen, um die allgemeine Mitschuld an dem traurigen Factum, daß das reine Schulwissen des Thronerben ein beschämendes Niveau hat, festzuschreiben – auch wenn damit des Kurprinzen widerspruchsvoller Charakter an sich nicht im mindesten bestritten werden soll!

Gibt es nun angesichts solcher Zuordnungen gleichrangige Positiva bzw. Stärken in der Veranlagung des Knaben – und wo liegen sie dann?
Sie entwickeln sich auf eine eher ungezwungene und selbständige Weise. Friedrich Wilhelm verfügt schon früh über eine unverkennbare Neigung zum Pragmatismus, zum Handeln, das Ideen allein nach dem Erfolg mißt, also zum Umsetzen des einmal Erkannten

in die Praxis. Indem der Bub sich in seiner Verlassenheit ständig überwinden muß, sich dadurch vor allem selbst erzieht, vermag er seine natürliche Intelligenz, die auf das Praktische gerichtet ist, zu aktivieren. Das Resultat ist frappant! Im Mai 1698 exerziert der Zehnjährige erstmals die Leibkompanie des ihm 1694 verliehenen Regiments; zu Weihnachten 1698 schenkt ihm der Vater den Besitz Wusterhausen. Neben glühendem Eifer für das Soldatische erwacht ein sichtliches Interesse am Naheliegenden, da mit der Schenkung zugleich die Verwaltung des Gutes und seiner umliegenden Dörfer verbunden ist. Nach dem Grundsatz "Keine finanzielle Ausgabe ohne Deckung" wird über die Gelder Buch geführt. Der nächste Schritt ist unter Gegenzeichnung Dohnas bis 1703 die Schulung in einfachsten Geschäftsvorfällen, später anspruchsvolleren Verwaltungsakten bis hin zu ersten, bescheidenen "Investitionen", die das erwirtschaftete Plus gestattet. Sicher: Lebhaftigkeit, Heftigsein, Jähzorn bleiben. Aber der mütterliche Verdacht, daß hier ein böses Herz, sträflicher Eigennutz – ja, Geiz am Werke sei, trifft nicht zu.

Dies ist die Atmosphäre, aus der 1700 Graf Dohna und der Kurprinz zu ihrer ersten Reise in die Niederlande aufbrechen. Sie weitet den Blick in der Begegnung mit Wilhelm III. von Oranien, Friedrich Wilhelms Idol, in sozialpolitischen Fragen und fesselt durch rustikal-saftige Bürgerlichkeit und "Wohlfahrt" in Stadt und Land. Die in Hannover besuchte Großmutter Sophie schreibt entzückt: ". . . (Der Prinz) sieht aus, wie man die Engelchen malt, ist nun 12 Jahre alt und spricht von alles als wenn er 30 wäre . . . er ist etwas stark, ich hoffe aber, er wird es auswachsen . . . er sieht gesund aus . . . seine obliganten Manieren sind nicht zu beschreiben."

Friderich Wilhelm Printz von Preussen,
Marggraf zu Brandenburg-Schwedt

Friedrich Wilhelm als Kronprinz

Aufbruch

Fürstenkinder, gerade im 18. Jahrhundert, werden noch im zarten Alter auf ihre höfische Rolle getrimmt, im Staatsinteresse frühzeitig zu Ehe und Dienst bestimmt. Bei Friedrich Wilhelm war's nicht anders!

Das Jahr 1701 bringt dem Vater die Königswürde, die er in der ganzen Pracht höfischen Barocks auslebt. Bedauerlicherweise ist damit aber auch seine "indirekte" Regierungsmethode gekennzeichnet, die in der Woche drei Tage für Tanz, zwei für Komödie und zwei für Cour-Tage vorsieht und das echte Regieren den amtlichen Autoritäten überläßt. Dabei sind die Nachfolger des redlichen Danckelmann kaum geeignet, dem Staat so vorzustehen, wie es nötig wäre. Allein König Friedrich I. tut etwas Außergewöhnliches, das ihn neben seiner unbestrittenen Leistung im kulturellen Bereich hoch ehrt. Er gibt dem Kronprinzen 1702 Sitz und Stimme im "Geheimen Staatsrat" und 1703 sogar im "Geheimen Kriegsrat". Außerdem befiehlt er ihn in die königliche Suite. Die damit eingeleitete, gezielte Vorbereitung auf eine künftige Herrscherverantwortung erweist sich für den früh fertigen Sechzehnjährigen, der am 14. August 1704 mündig gesprochen wird, zugleich als die beste Lebensschule, die den Blick für die Realitäten schärft. Ende August löst Graf Finck von Finckenstein den Grafen Dohna ab und begleitet einen nun schon ziemlich Selbständigen, der – körperlich und geistig rege – seinen Weg in klare Führungsgrundsätze und in einen originalen Führungsstil noch unsicher und tastend zwar, doch zielbewußt geht.

Ende 1704 findet die zweite Hollandreise statt, die aber im Februar 1705 abrupt infolge des Todes der Königin Sophie Charlotte endet. Betrachtet man den Atemraum des jungen Mannes bis zu diesem schmerzlichen Ereignis, so existieren nach wie vor die kostspieligen Hofhaltungen in Berlin und Charlottenburg, wo hochentwickelter Geschmack, Kunstsinnigkeit, Musikliebe und ein "sensibles Gespür für höhere Geistigkeit" herrschen, eine erotisierte Gesellschaft aber auch ein "lüderliches Leben" treibt. Hier ist die fürstliche Daseinsgestaltung, die der Kronprinz verabscheut, Trumpf! Außenpolitisch ist Krieg: Im Osten um die Vormacht im Norden, im Westen um die spanische Thronfolge. Trotzdem durchzieht Brandenburg-Preußen ein weitgreifendes Kunst- und Geistesleben. Berlin, das 1740 90.000 Einwohner, einschließlich der 20.000 Mann starken Garnison zählt, blüht in reger Bautätigkeit zum späteren "Spree-Athen" auf.

Da der siebzehnjährige Thronfolger nun mitten in die Problematik der Staatslenkung gestellt ist und mit den Details der eigentlichen Regierungsarbeit vertraut wird, bildet sich in ihm allmählich eine Führungssicht unter gesamtpolitischem Aspekt heraus. Sie tritt erstmals am 11. Oktober 1705 in seinem ersten großen Gutachten, in dem der Gedanke aufblitzt, wie man in einem geordneten Finanzwesen eine Armee auf eigene Kosten unterhalten könnte, zutage.

Wusterhausen wird ab 1708 immer mehr zur "Versuchsanlage". Es ist nicht nur die Keimzelle Preußens, in der wesentliche Regierungsakte der Zukunft "en miniature" ausprobiert werden, sondern dieses Mustergut mausert sich zu einer regulären Ordnungszelle, in der sich eine detailreiche, auf Fürsorge und Kolonisation ausgerichtete Domänen- und Staatsverwaltung mit ihren typischen Befehlsformen, nämlich der Kabinettsorder und Marginalresolution, entwickelt.

1709/10 steigert Friedrich Wilhelm seinen Einfluß in der Armee. Seit 1706 weicht der bunte, individuelle Charakter der Formationen ihrer "Gleichschaltung" in Führung und Gliederung, Uniformierung und Bewaffnung sowie taktischer Präzision. Motor ist der Kronprinz. Er bringt dem im Kriege seit 1693 unter der Führung des Fürsten Leopold von Anhalt-Dessau bewährten, schlagkräftigen brandenburgischen Kontingent in der Campagne 1709 den "preußischen Drill" so bei, daß er alle Verbündeten neidvoll in Staunen setzt. Heutige Vorstellungen vermögen nicht mehr nachzuvollziehen, daß dieses Exerzieren nicht sinnentleerter Gamaschendienst ist, vielmehr im Zeitalter der aufkommenden Lineartaktik die eigentliche Ausbildung für das Gefecht darstellt. Das Feuer, das marschiert, das später im Wechsel von Salve und Vorrücken den preußischen Angriff so unwiderstehlich macht und sich bei Mollwitz am 10. April 1741, einem Posthum-Sieg Friedrich Wilhelms I. möchte man sagen, so großartig beweist, wird hier begründet. Der Sieg bei Malplaquet am 11. September 1709 ist nicht nur die Geburtsstunde des ersten einheitlichen Emblems der Armee, des den auffliegenden Adler umkränzenden "Non soli cedit" (Er weicht der Sonne nicht), sondern er ist zugleich in den im Felde gewonnenen Erkenntnissen des Kronprinzen über die Wechselwirkung von Finanzreform und Heeresvermehrung die Geburtsstunde seines Staates.

Gleichzeitig ergänzt dieser geborene Soldat jene Erprobung vor dem Feinde durch den Aufbau einer 1711 dann über 600 Mann bataillonsstarken "Privatarmee", der seine Wusterhausener Landarbeiter wie bei Peter dem Großen zu "Spielsoldaten" macht. Dabei gewinnt er die nötige Klarheit über Aufbringung und Garnisonsverfassung, Besoldung und Verköstigung, Unterbringung und Ausbildung, Ergänzung und Entgelt für die Freistellung. Als 1711 seine Gesamteinkünfte inclusive der erwirtschafteten Erträge 120.000 Taler, von denen 35.000 Taler für die eigene Truppe aufgewendet werden können, betragen, registriert der Plusmacher befriedigt, daß er um 2.750 Taler weniger benötigt als die reguläre Armee für ein Bataillon.

Eine Sauhatz unter Friedrich Wilhelm I.
Gemälde im Schlosse Wusterhausen, gezeichnet nach einer Abbildung in „Wild und Hund".

Nach 5 1/2 Monaten Felddienst warten im Oktober 1709 auf Friedrich Wilhelm innenpolitische Aufgaben, die vor einem kostenfressenden Hofzeremoniell und leichtfertiger Vergeudung, falschem Zauber in einer immer bedrohlicheren Finanzkrise, vor dem Blendwerk korrupter höchster Staatsdiener wie dem Triumvirat Wartenberg-Wittgenstein-Wartensleben, angesichts der in Ostpreußen seit 1708 grassierenden Pest und Hungersnot sowie einer stark rückläufigen Steuerleistung schwer zu lösen sind. Probleme der Administration, des Finanz- und Steuerwesens, der Justiz, der Domänen- und Regalienverwaltung, des Nachteils von kombiniertem Staats- und Hofetat, Fragen der Ständeverfassung beschäftigen Friedrich Wilhelm ebenso wie die Verwendung von Mitteln nur für laufende Ausgaben oder für Investitionen. Vor allem aber lernt der früh sich so profilierende Kronprinz, den Untertan als Individuum in seiner charakterlichen Palette zu durchschauen. Er lernt den Menschen zu beobachten, ihn kennen und seine Stärken und Schwächen zu nutzen. Er stellt rücksichtslos seine unangenehmen Fragen, bohrt kühn, bildet und behauptet seine Meinung und spielt seine Mitmenschen auch gegeneinander aus. Seine Detail- und Sachkenntnis macht Friedrich Wilhelm so überlegen, daß er von hier herab seine Umwelt getrost zu verunsichern vermag. Kurz: Er lernt überzeugend die Spielregeln, die zum Handwerkszeug eines Regenten gehören.

Als sich 1710 nach 20 Regierungsjahren des Vaters die Ausgaben allein für die Hofhaltung verdoppelt haben, mangels administrativer Voraussetzungen der sogenannte "Luben'sche Reformversuch" zur Steigerung der Staatseinnahmen nicht greift, die Desorganisation in der Verwaltung, die Mißwirtschaft, Habgier und Unredlichkeit der drei obersten Diener der Krone offenkundig sind, exponiert sich der Kronprinz bedenkenlos als Mittelpunkt der Opposition am kompromißlosen Sturz der Betroffenen. Der König, der mit seinem Sohn und seinem Engagement überaus zufrieden ist und wohlgefällig ihn aus seiner unangreifbaren Position agieren sieht, überträgt ihm 1711 zum zweiten Male bei seiner Abwesenheit die uneingeschränkte Statthalterschaft.

Was dann kommt, die Anfänge einer Verwaltungsreorganisation,

Bleistiftzeichnung von Adolph von Menzel nach einem Gemälde von Pesne: Sophie Dorothea, Königin in Preußen, die Gemahlin Friedrich Wilhelms.

des "Retablissements" (Wiederaufbaues) von Ostpreußen, der Finanzreform oder die außenpolitischen Zwänge und Enttäuschungen – das ist schon die Überleitung zum eigenen Regierungsprogramm. Die russisch-polnische Nichtachtung der preußischen Neutralität 1711 ist ein letzter schmerzhafter Denkanstoß, der dem künftigen König zeigt, wie brennend notwendig die Stabilisierung aller Verhältnisse wird.

Friedrich I., der nun 55 Jahre zählt, wird im Lebensherbst noch eine große Freude zuteil: Er erlebt, nachdem zwei starben, die Geburt des dritten Enkels. Am 24. Januar 1712 erblickt Friedrich, der zu seinen Lebzeiten schon "der Große" genannt wird, das Licht der Welt! So enden für den glücklichen fünfundzwanzigjährigen Vater zehn Jahre Regierungsvorbereitung. Als kräftiger und energiegeladener, in der Regierungspraxis erfahrener Mann steht er zur Nachfolge bereit, als sein Vater im "innerlich nagenden Chagrin" (Kummer), im Bewußtsein seines Niederbruchs im Westen, der Erfolglosigkeit im Osten und der Erkenntnis, daß seine dritte Gemahlin unzweifelhaft geisteskrank ist, sich zu Anfang des Jahres 1713 zum Sterben rüstet. Am 27. Februar endet er sein Leben mit den Worten: "Wo seid Ihr gewesen, mein Sohn? Gott wolle den Segen bestätigen, den ich Euch gegeben habe." Dann stirbt er.

Die Maxime von diesem Tage ab lautet: "Travailler pour le roi de Prusse" (Arbeiten für den König von Preußen)! Sie gilt ohne Ausnahme für jeden – in erster Linie für den jungen Monarchen selbst!

Kronprinz Friedrich Wilhelm auf einer Zeichnung eines Unbekannten zusammen mit Graf Dohna.

Ein bekanntes Gemälde des "Soldatenkönigs", das Friedrich Wilhelm I. zu Beginn seiner Regierungszeit zeigt

Der Mann und Familienvater

Friedrich Wilhelm I. tritt als junger Vater seine Regierung an. Dieser Umstand rechtfertigt die kurze Frage nach seiner Stellung zur Frau. Das Kennenlernen des Ewig-Weiblichen vollzieht sich für ihn früh und auf eine Weise, die höfischer Atmosphäre entspricht. Das Fräulein von Pöllnitz fordert ihn 1699 (!) zu griffiger Aktivität ihr gegenüber auf. Die Gattin des ersten Ministers und (nur nominelle) Maîtresse en titre seines Vaters, die rothaarig-grünäugige "große Hur" Gräfin Colbe von Wartenberg, geborene Kathi Rickers, macht ein noch geschmackloseres Angebot. Nach solch negativen Erfahrungen erfaßt den innerlich wie äußerlich blitzsauberen jungen Mann, der nach eignem Eingeständnis "nicht von Temperament, sondern durch Tugend keusch geblieben" ist, eine längere, ganz tiefe und höchst schmerzliche Neigung zu der nur fünf Jahre älteren Wilhelmine Karoline von Brandenburg-Ansbach, die ihn schließlich (auf Befehl ?) gefühllos und kränkend abweist. Daß diese enttäuschenden Begegnungen mit dem "Phänomen Weib" eine geradezu ernüchternd-nachhaltige Wirkung zeitigen, ist leicht zu begreifen, zumal Friedrich Wilhelm im Grunde auch über eine hohe Sensibilität verfügt. Aber, ob es später eine begehrenswerte Kastellanstochter ist, deren "Gestalt und Umgang ihm gar zu reizend vorgekommen", ob es sich um eine bildhübsche Bauernvenus handelt, die Grumbkow ihm bei Gelegenheit zuführen wird, und ob zuletzt die apart-attraktive Hofdame Marie Luise von Pannwitz einen harmlosen königlichen Kußversuch handgreiflich abwehren muß, - - er bleibt seinem Fieckchen, der Frau seiner Wahl, die er am 28. November 1706 heiratet, treu.

Fieckchen – das ist Sophie Dorothea von Hannover, die am 26. März 1687 geborene Tochter jener bedauernswerten Sophie Dorothea, welche wegen ihrer sechsjährigen leidenschaftlichen Romanze mit dem Grafen Königsmarck seit 1694 von ihrem rücksichtslos-unmenschlichen Gatten nach Ahlden verbannt ist. Die neunzehnjährige eigenwillige Welfenprinzessin, deren Wiege 1688 schon neben der seinen stand und die der Vater absolut nicht als

Schwiegertochter wollte, ist mehr ein Kontrahent als eine nicht mit Gold aufzuwiegende Ehefrau. Zwar befinden sich die Gatten in ihrer intimeren Beziehung im Einklang: sieben Söhne und sieben Töchter zwischen 1707 und 1730, von denen drei Knaben und ein Mädelchen sterben, sind Beweis, aber beide Partner sind widersprüchlich im Charakter, Sophie Dorothea dabei der Typus einer machtbewußten Herrscherin, die – ohne das adäquate geistige Format und neben ihrem Manne zur Ohnmacht verdammt – trotz ihrer entnervenden Beharrlichkeit und Intriganz nicht zum Zuge kommen kann. So findet sie in ihrem Eigensinn Auswege, die, im häufigen Zusammenprall mit ihrem Gemahl letztlich die Kinder den Eltern – Wilhelmine und Friedrich sogar bis zur Haßliebe – entfremdend, am preußischen Hof eine förmlich würdelose Familienatmosphäre schaffen. So sehen es jedenfalls andere

Friedrich Wilhelm I. und seine Gemahlin, Sophie Dorothea.

Fürstenhäuser. Der Mann, gehetzt in der Fülle seiner Königspflichten, findet am häuslichen Herd nicht den ruhenden Pol, weder Entspannung noch Geborgenheit – ja, im unvermeidlichen, dauernden Reiz und in psychischer Dauerbelastung eben nicht die Ruhe, die er zur Selbstkritik braucht, und nicht die Besinnung, die seine sympathischen Wesenszüge entfalten könnte.

Im Gegenteil: Die Tatsache, daß es selbst in seiner bescheidenen Hofhaltung nicht gelingt, die von Familienmitgliedern wie Höflingen gesponnenen Intrigen und Rivalitäten zu beseitigen, der Klatschsucht zu steuern oder den ständig aufflammenden Konflikten wirksam zu begegnen, hat zur Folge, daß Friedrich Wilhelm im Grunde einsam bleibt. Nicht umsonst bekennt er zu Anfang der 1730er Jahre, er habe nur in dem Herzog Ferdinand Albrecht von Braunschweig-Bevern, dem Vater seiner künftigen Schwiegertochter, seinen "einzigen wahren Freund". An dieser Isolierung ist er natürlich selber nicht unschuldig, läßt sich doch bei aller Courtoisie, die der König im geselligen Verkehr zeigen kann, sagen, daß sogar der engste Vertraute und Generalkriegskommissar wie Friedrich Wilhelm von Grumbkow ihn als "brutale Bestie" ansieht. So ist es neben dem Braunschweiger letztendlich nur noch Fürst Leopold von Anhalt-Dessau, mit dem eine enge freundschaftliche Beziehung besteht, welche allerdings auch mehr auf einer Interessengleichheit als menschlicher Übereinstimmung beruht.

Die Einzige, die – sichtlich als Lichtblick begrüßt – ab 1732 zum ausnahmslos bevorzugt behandelten "Wunschkind" des Schwiegervaters wird und ihm in ehrlicher Anhänglichkeit die so sehr entbehrte Zartheit und Wärme, auch gütig den schuldigen Gehorsam schenkt, das ist Elisabeth Christine aus dem Hause Braunschweig-Bevern, die bezaubernde Kronprinzessin, die am 12. Juni 1733 mit Friedrich verheiratet wird und mit diesem Tage als liebende Frau ihr Martyrium an der Seite eines verletzend gleichgültigen "Ehegatten" antritt.

Der "Schwerarbeiter im Königsrock" ist in seinem völlig anomalen Lebensstil im 17./18. Jahrhundert als Herrschergestalt die Ausnahme schlechthin. Dem kräftigen, nachher über zwei Zentner schweren Mann, der mit hellwachem und durchdringendem Blick seine Umwelt mustert und von ihr fordert, daß auch sie ihm voll und gerade ins Gesicht sieht, ist Mode und Moral seiner Zeit ein Greuel. Er haßt jeglichen Firlefanz in Auftreten und Lebensart. In einer Epoche, in der Perücke, Schminke und Puder regieren, legt er persönlich Wert auf größte körperliche Reinlichkeit. Er selbst wäscht sich häufig und verlangt, daß auch alles andere um ihn herum "adrett und propre" sei, weshalb z. B. für seine Schlösser auch vornehmlich Kastellane aus den Niederlanden gesucht werden. Das Staatsoberhaupt bevorzugt eine bescheidene Lebensführung. Sie erklärt sich sicherlich zum einen Teil aus seiner Sparwut, ist aber zum anderen Teil Ausdruck seiner ihm eigenen Anspruchslosigkeit. Er hockt auf hölzernem Schemel am blankgescheuerten Tisch ebenso selbstverständlich wie an der Hoftafel, trinkt Bier ebenso gern wie Champagner und liebt nahrhafte Hausmannskost nicht weniger als das Delikate. Auf Inspektionsreisen nächtigt der König in Scheunen und wäscht sich im Freien am Brunnen, was seine Umgebung wenig begeistert mitzumachen gezwungen ist. Seit 1725 trägt der Souverän ausschließlich Uniform, was künftig für Monarchen überwiegend die Regel wird. Das Kennzeichnende ist dabei jedoch, daß er seinen Oberstenrang nicht aufgibt. Den hatte er vom Vater – und sich selber zu befördern, das lehnte er rigoros ab. Ein sehr typischer Charakterzug!

In seinen Mußestunden erinnert Friedrich Wilhelm an die Territorialfürsten der Reformationszeit. In ihnen dominierte der derbe Spaß, der Trunk und die Jagd, die – wie vieles andere – zumeist verzeichnet sind. Die Tabagie beginnt eigentlich ziemlich regelmäßig mit dem Referat eines Mitgliedes intellektuell, was nicht bedeutet, daß das sich aus ihm entwickelnde Colloquium nicht ebenso oft in übermütig-rücksichtslose Ausgelassenheit eskaliert. Für die Derbheit makabrer Späße ist Gundling Zeuge. Aber diese Ungehobeltheit kann man nicht ohne Rückblick auf die Jugendjahre, in denen sich ein Einsamer verkrampfte, sehen. Neben solcher Männerrunde liebt der König die Jagd. Der in seinem schwer bezähmbaren, kraftstrotzenden Naturell ausgezeichnete Reiter zieht ein riskant-dreistes, scharfes Tempo dem Trabe vor. Er reitet, wie er arbeitet. Er erlegt in seinen ausgedehnten Forsten

Dieser Holzschnitt von Menzel zeigt das Tabakskollegium mit dem König im Mittelpunkt.

Gemälde von Johannes Christian Mock: Szene am Jägertor in Potsdam: Die Wache ist herausgetreten, von links her galoppiert der König auf seinem Pferd heran. Vorn links eine Gruppe "Langer Kerls", vorn rechts die Alarm-Kanone, die abgeschossen wurde, sobald ein flüchtender Deserteur entdeckt worden war.

beachtliche Strecken von Hoch- und Niederwild – und vermag auch sofort eine Hatz abzubrechen, wenn unvorhersehbar ein Unglück geschieht. Wie immer bei dem eckigen Grobian wohnen gefühlsarme Primitivität und zarter Sinn getreulich nebeneinander.

So, wie Friedrich Wilhelm alles Äußerlich-Gekünstelte zutiefst verhaßt ist, vermeidet er ein protziges Auftreten, begrenzt er seine Suite. Selten hat er beim Ausritt "Standespersonen" um sich. Ein paar Pagen genügen. Das alles dokumentiert eine bemerkenswerte Schlichtheit, der ein gleich biederer, ehrbarer Daseinsgenuß in etwas grobschlächtigen Vergnügungen entspricht.

Bild eines "Langen Kerls", des Jean Anth. Cüro aus Brabant, der 1,82 m groß war.

Führungsprinzipien

Noch am prunkvollen Beisetzungstag für den Vater kündigt sich die neue Ära mit Donnergrollen an. Zwar bestätigt der nun fast Fünfundzwanzigjährige die zusammengerufenen Minister in ihrem Amt, läß aber zugleich wissen, daß er künftig deren ihm nur zu bekannte Intrigen nicht dulde. So heißt es drohend: ". . . Sollte jemand unter Ihnen sein, der neue Kabalen anfängt, so werde ich ihn auf eine Weise züchtigen, die ihn verwundern wird. . ." Und: ". . . man möge sich merken, daß ich weder Rat brauche noch Räsonnement, sondern Gehorsam . . ." Sowie abschließend die Klarstellung: ". . . Mein Vater fand Freude an prächtigen Gebäuden, großen Mengen Juwelen, Silber, Gold, Möbeln und äußerlicher Magnifizenz – erlauben Sie, daß auch ich mein Vergnügen habe, das hauptsächlich in einer Menge guter Truppen besteht!" Da ist es in einem Satz, das Regierungsziel, das aus bisher kronprinzlichen Überlegungen die Armee zum Rückgrat des Staates und zugleich zum Triebwerk für Handel und Gewerbe, für Wirtschaft und Politik macht.

Nach diesem Paukenschlag geht Friedrich Wilhelm I. für einige Tage in seinem geliebten Wusterhausen "in Klausur", um ungestört nachzudenken und zu rechnen. Sein Rotstift streicht erbarmungslos den finanziellen Ansatz für den Hof von 276.000 Talern genau auf ein Fünftel zusammen, um durch eiserne Einschränkung sein verschuldetes Land wieder auf die Beine zu bringen. Anerkannt wird ausnahmslos nur mehr der Nutzen unermüdlicher Tätigkeit für die Bereicherung des allgemeinen Ganzen. Und hier zeigt sich, daß nicht ein unsichrer Anfänger die Marschrichtung sucht, sondern daß ein fertiger, in Staatsfragen kundiger Regent, der genau weiß, was er will, bestimmt, wo es langzugehen hat.

Seine Rückkehr nach Berlin gleicht einer Fanfaronade, die in grandioser Dissonanz Heulen und Zähneklappern auslöst. Denn ab sofort gilt, was später der Vater dem Sohne mit auf den Weg

EDICT,

Daß diejenige

ADVOCATEN,

PROCURATORES

und andere

CONCIPIENTEN,

welche sich unterstehen, Leuthe aufzuwiegeln, um in abgethanen und abgedroschenen Sachen

Seiner Königlichen Majestät

immediaté Memorialien zu übergeben, oder auch in anderen Justitz- und Gnaden-Sachen durch Soldaten übergeben zu lassen, ohne alle Gnade und Pardon, mit einem Hunde an der Seiten, aufgehangen werden sollen, und daß dieses Edict acht Tage nach beschehener publication seinen Anfang nehmen solle.

De Dato Berlin, den 16. Nov. 1739.

B E R L I N,
Gedruckt bey dem Königlichen Preußischen Hof-Buchdrucker, Christian Albrecht Gäbert.

geben wird: "Gebet nichts mehr aus, als Ihr einzunehmen habt, alsdann werdet Ihr sehen, wie florissant (blühend) daß Eure Finanzen sich befinden werden". So sind die Akzente gesetzt!

Fragt man deshalb nach den geistigen Grundlagen der Führungssicht, aus der heraus Friedrich Wilhelm sein Herrscheramt ausübt, so wird man vor allem anderen auf die Staatslehre hinweisen müssen, die über 200 Jahre in der absoluten Herrschaft das wirksamste Mittel sieht, ein Gemeinwesen glücklich zu regieren. In diesem optimistischen Ordnungsdenken ist die fürstliche Majestät oberste Instanz, die, weil sie allein "von Gottes Gnaden" ist, damit zugleich auch als von allen Gesetzen wie von den Untertanen gelöst angesehen wird. Ein hieraus zu folgernder Freiraum zu etwa despotischer Willkürherrschaft ist – der Idee nach – durch das klare Verlangen eingegrenzt, daß der Monarch, in dieser 'Stellvertretung auf Erden' voll verantwortlich, für sein Tun vor Gott notwendigerweise Rechenschaft abzulegen hat. Die unteilbare Gewalt, die er demnach ausübt, ruht in der Legitimität einerseits und ist an die natürlichen Rechte des Menschen andererseits gebunden. Da diese jederzeit und ohne Einschränkung von den Unmündigen in der sozialen Pyramide da, wo sie ohnehin rechtlos sind, auf Mündige übertragen werden können, tritt das tragende Element in diesem gottähnlich geordneten Herrschaftssystem deutlich zutage: Einordnung, d. h. Subordination des einzelnen unter die über ihm waltende "Puissance absolue et perpetuelle" (absolute und immerwährende Gewalt) heißt das Gebot – oder mit anderen Worten, das Monopol der Gewaltanwendung wird allein der Klugheit wie dem Verantwortungsbewußtsein des Regenten zugeordnet. Das ist, kurz skizziert, was unter Absolutismus zu verstehen ist.

Das Tabakskollegium in Wusterhausen.

Friedrich Wilhelm ist nun als tiefgläubiger Christ sich seiner Rechtfertigungspflicht vor Gott bewußt, weshalb sich die Prinzipien für sein Denken und Handeln aus den geistigen Strömungen seiner Zeit, die die Idee des Absolutismus tragen, unschwer ergeben. Sie wachsen hier aus der wechselseitigen Durchdringung von staatspolitischer Aufgabe und pietistischem Gedankengut heraus und sind dort aus der evangelisch-protestantischen Orientierung der Hohenzollerndynastie und der ihr verbundenen Geisteswelt des niederländischen Neustoizismus erklärbar.

Der calvinistisch bestimmte, nüchtern-strenge Gottesglaube, der kategorische Imperativ des ”Bete und arbeite”, die Lebensregeln der griechischen Stoa und der römischen Willensphilosophie sowie ein sozial-ethisch geprägter Pietismus sind der Nährboden, von dem aus die Indoktrination der Untertanen zu gehorsamen, arbeitswilligen und pflichtbewußten Staatsbürgern unternommen wird.

Friedrich Wilhelms Plan für drei Vorwerke, die in Seckenburg, Glücksmittel und Pohlenshoff in Ostpreußen angelegt werden sollten.

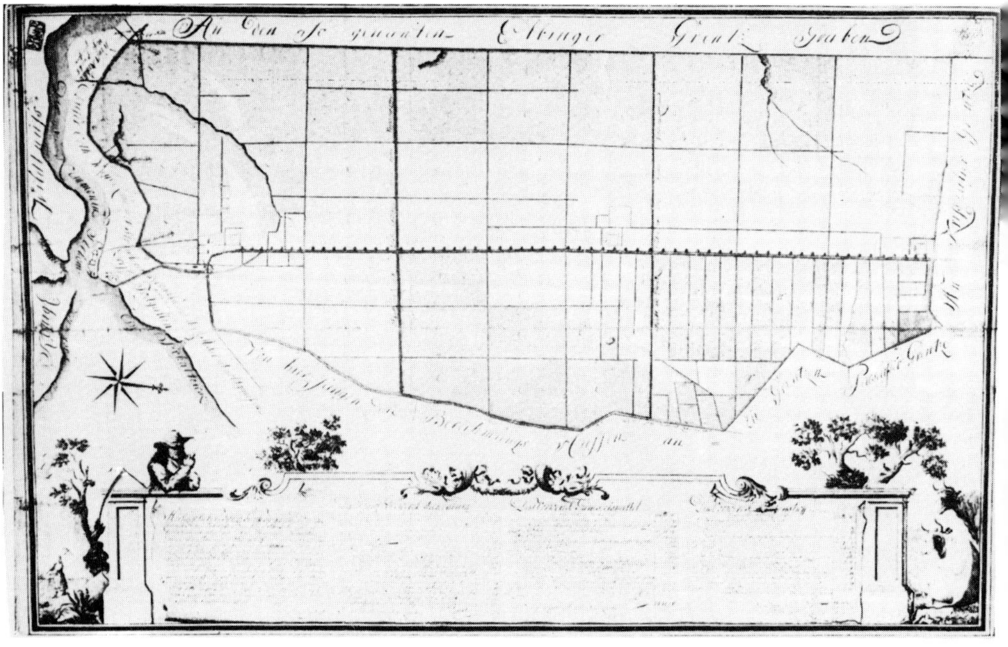

In dem preußischen Alltag drückt der König diese geistesgeschichtlich-verfassungsrechtlichen Hinweise sehr einprägsam und allgemeinverständlich aus. Erstens: "Die ewige Seligkeit ist vor Gott – alles andere muß vor mir sein." Zweitens: "Menschen achte vor den größten Reichtum." Drittens: "Ich stabilire die suverenitet und setze die krohne fest wie einen rocher von Bronse" (wie ein eherner Fels).

Damit fällt jenes Stichwort, das das Wesen Friedrich Wilhelms voll erschließt: Er begreift die ihm von dem Allmächtigen übertragene Souveränität für seine Person als in ihrem ganzen Umfang durch Gottesfurcht in Schranken gesetzt und zugleich als "Regieanweisung" für sein königliches Wirken. In den zehn Jahren von 1703 bis 1713 hat er gelernt, daß Freiheit – und genau dies ist 1713 unter Souveränität für Brandenburg-Preußen zu verstehen! – ohne Macht nicht denkbar ist und daß der beste Weg hierzu darin besteht, sich bewaffnete Streitkräfte zu schaffen, welche ohne eine blühende Volkswirtschaft und ein leistungsstarkes Finanzwesen nicht vorstellbar sind.

In Brandenburg-Preußen hatte die Armee noch die zusätzliche Aufgabe, die regelrechte Voraussetzung für eine solche Entwicklung zu sein, wie schon einmal angedeutet wurde. Doch darüber später! Wahrheit bei allen Angaben und Arbeitsunterlagen muß in einer derartig staatsumwälzenden Operation oberstes Gebot sein. Und da der junge Friedrich Wilhelm den Menschen aus seiner bisherigen Praxis genügend kennt, wählt er als Leitwort, daß Vertrauen zweifelsohne gut, Kontrolle indessen in jedem Fall besser sei.
So ergeben sich auf dem fest umrissenen geistigen Fundament die Führungsgrundsätze wie auch der personale und ganz originale Führungsstil, in dem der König über 2 1/2 Jahrzehnte regiert.

Vorrangig fordert er sich selbst ab, was er von allen Untertanen verlangt: Vier Stunden Nachtschlaf genügen ihm, um tagsüber pausenlos und unermüdlich, bei jedem Wetter, zu Fuß oder zu Pferd, in der Kalesche oder im Schreibkabinett, anordnend, inspizierend oder diktierend tätig zu sein. Seine dirigierenden Eingriffe erfolgen überall. Tausende von Kabinettsorders oder Edikten beweisen heute noch, welches Arbeitsvolumen dieser Herrscher bewältigt hat und wie jedermann schonungslos zu Regsamkeit und Geschäftigsein angehalten worden ist.

Da die Beratung "in consilio" absolutistischem Denken widerspricht, vermag ein echter Gedankenaustausch ein Problem nicht zu klären. Ein auf das Wesentliche bezogener Vortrag genügt; ihm folgt die königliche Entscheidung auf dem Fuß. Dabei haßt das Staatsoberhaupt jede umständliche Weitschweifigkeit. Es verlangt volle Offenheit und eine knappe, klare und unmißverständliche Sprache. Wir Heutigen würden sagen: Friedrich Wilhelm will in allen Regierungsgeschäften Transparenz! Wichtig sind ihm Eile und Akkuratesse. Er will sehen, daß die Sachen vorankommen. "Cito, cito, citissime" oder "vite, vite" (schnell, schnellstens) gilt für alles und jeden. Das führt gelegentlich im Einzelfall zwar zu übereilten Entscheidungen, prägt aber bis 1740 den Preußen als Typus, als aktionsorientierten Mann. "Bernheutter" (Bärenhäuter, Faulpelze) sind unerwünscht. Akkuratesse, das heißt aber auch Unbestechlichkeit, moralische Sauberkeit im Dienst. Nicht die bescheidenste Verführung darf der einzelne sich zuschulden kommen lassen. Pünktlichkeit, Ordnung und Arbeitsqualität werden in Stadt und Land, im Handel und Gewerbe, in Oberbehörden und nachgeordneten Obrigkeiten unbarmherzig kontrolliert – ganz zu schweigen von der Dienstaufsicht bei der Armee. Das Mißtrauen regiert. "Wehe, wehe, wenn . . ." – das eskaliert zum stereotypen Ausbruch. Drakonische Strafen folgen dem geringsten Vergehen oder festgestelltem Mißstand. Jede angefangene Verspätungsstunde z. B. kostet den Saumseligen 100 Golddukaten. Auch Verstöße gegen die Moral, z. B. bei unzulässigen Liaisons, werden zu Geld gemacht. Das neustoizistische Erziehungsprinzip ist zwar die Ausgewogenheit von Lohn und Strafe, in der Praxis regiert jedoch meistens und unnachsichtlich der Stockhieb – und nicht nur in Preußen. Warum also soll der König auf ihn verzichten, wenn er seine Untertanen mobilmachen will, zumal es oft genug ohne Renitenz nicht abgeht? Friedrich Wilhelm hält an, fragt aus, visitiert, läßt auf der Stelle Beweis oder Gegenbeweis erbringen, prüft alles auf die Wahrhaftigkeit der Aussage. Sein unglaubliches Gedächtnis

Fridericus Wilhelmus Rex Borussiæ,
Elector Brandenburgensis &c

ist dabei eine gefürchtete Führungshilfe. Die Stellvertretung Gottes gibt dem Regenten – so sieht er es jedenfalls – die Legitimation, jeden Winkel seines Staates auszuleuchten und wie jeder gute Hausvater nach dem Rechten zu sehen. Dieses Führungsdenken und diese Regierungspraxis dokumentieren unbestreitbar auch den Mut zur Unpopularität. Daß dem König das bewußt ist, zeigt sein Ausspruch: "Ein auftretender Regent darf sich nie nach der Menschen Geschmack und nach der Menschen Vorurteile richten." Allein, dies ist die eine Seite. Die andre offenbart sich in dem aufschlußreichen Ausruf gegenüber dem Bürger, der ihm gegenüber bekennt, daß er den König fürchte. Da bricht es aus ihm heraus: "Fürchten? Fürchten? Man soll mich nicht fürchten, sondern lieben!" Hier stehen wir vor der ganzen Spannweite von Wille und Wunsch, Verlangen und Hoffen!

Einfaches und originales Denken baut so den preußischen Staat. Und es überrascht nicht, wenn Friedrich Wilhelm, in der religiösen Reichsfürstentradition des 16./17. Jahrhunderts verwurzelt, sich selbst in die Subordination unter das ihm von Gott verliehene Amt mit den Worten stellt: "Ich bin der erste Diener des Königs von Preußen" (!), wie er ja auch bekennt, dessen Feldmarschall und Financier zu sein, "was dem König von Preußen gut tun werde", wie er erhärtet. Er vermag sich in seiner harmonischen Weltordnung noch so zu sehen und unterscheidet sich damit in der Bewertung der königlichen Kärrnerarbeit deutlich von seinem Sohn, der nur mehr von sich sagen kann, daß er der erste "domestique", also der Hausknecht, seines Staates sei.

Dem König werden im Schloßhof neu geworbene "Lange Kerls" vorgeführt.

Eine der Lieblingsbeschäftigungen des Königs: Besichtigung seiner "Langen Kerls" im Potsdamer Lustgarten.

Die Bilanz der 27 Regierungsjahre

Natürlich hat Friedrich Wilhelm I. bei seinem Regierungsantritt kein Patentrezept für die Lösung der an ihn herantretenden großen Aufgabe. Aber – er sieht klar den Punkt, wo er ansetzen will.

Wir können die Herausforderung dieses Königs heute dahingehend präzisieren, daß er nach und nach im Wechselspiel außenpolitischer Fesselung und innenpolitischer Notwendigkeiten seinen Staat in dessen überkommenen historischen Bindungen mit den modernen Zielvorstellungen seiner Zeit zu verknüpfen und leistungsfähig zu machen bestrebt war. Die aufgesplitterte Lage des brandenburg-preußischen Herrschaftsgebietes von der Memel bis zum Rhein, seine bescheidenen materiellen Basen, kümmerlichen Ressourcen und einesteils stark eingegrenzten, anderenteils unentwickelten Möglichkeiten sowie die Einbindung in die bedrohlichen Großkonflikte – in den Nordischen Krieg von 1700 bis 1721 hier und den Spanischen Erbfolgekrieg von 1701 bis 1714 dort – boten nur wenig erhebende Voraussetzungen. Die ersten Schritte 1713 wurden dank administrativen Scheiterns Friedrichs I. infolge Unsolidität und Verschuldung, Verdrossenheit und Schlendrian überall noch wesentlich erschwert. Wenn indessen seine Arbeitshypothese stimmte, daß nämlich die kräftige Vermehrung des kleinen stehenden Heeres die Inlands- und die Produktion von Fertigwaren die Auslandsnachfrage nachhaltig zu steigern vermochten, damit sowohl die Stabilisierung der staatlichen Souveränität garantieren als auch die wirtschaftliche Prosperität im Lande sicherstellen würden, dann hatte Friedrich Wilhelm tatsächlich den Schlüssel zur Lösung der Hauptaufgabe, Brandenburg-Preußen in seinem inneren Zusammenhang zu festigen, gefunden. In dieser Hinsicht ist es bemerkenswert, wie zielsicher der jugendliche Rechner und Praktiker seinen Herrschaftsauftrag während des ersten Quinquenniums von 1713 bis 1718 anpackt. Seine gestaltenden Aktivitäten werden sofort sichtbar.

Am 27. März 1713 schon wird neben dem Generalkriegskom-

missariat und der Generalkriegskasse, die für die Heeresverwaltung und die Aufbringung der hierfür nötigen Steuern verantwortlich sind, im Generalfinanzdirektorium als gleichrangig zweiter Oberbehörde die Domänenverwaltung konzentriert sowie in der ihr angeschlossenen Generaldomänenkasse die Verwaltung ihrer Einnahmen vorgenommen. Das soll das Finanz- und Steuerwesen stärken. Ganz wichtig ein zweites! Der König sichert in dem am 13. August 1713 erlassenen "Ewigen Fideikommiß" alle Fürstentümer sowie die Länder des königlichen Hauses gegen Teilbarkeit – etwa auf dem Erbwege – und Veräußerung. Er gibt so dem Staatsganzen in einer starken rechtlichen Grundlage die sicherste Gewähr für seine zukünftige Einheit.
Noch 1713 vermehrt er die Armee von 38.500 Mann um mehr als 10.000. Das entspricht einer Steigerung um 26 Prozent in ihrer personellen Stärke. – Zum gleichen Zeitpunkt setzen auch die Akzise-Instruktionen ein. Die Akzise ist eine Verkehrs- bzw. eine Art Umsatz- und Gewerbesteuer. Die Instruktionen zielen auf eine Vereinheitlichung des Steuersystems. – Noch 1713 läuft die Justizreform an, die allerdings zunächst nicht recht vom Fleck kommt.

Im Jahre 1714 richtet Friedrich Wilhelm die Oberrechenkammer ein, die die Staatsausgaben zu prüfen und mit dem Etatansatz zu vergleichen hat. Seither wird der Staatshaushalt, den vom 1. Juni bis zum 31. Mai für ein Jahr zu fixieren ebenfalls der König befohlen hat, ohne Verschuldung gefahren, um diese aktuelle Formulierung zu gebrauchen.

1715 findet die Kolonisationskonferenz von Oletzko statt. Die dort erarbeiteten Richtlinien von geradezu historischem Rang, die allgemein in der Betrachtung übergangen werden, führen nichts weniger als den Neuaufbau Ostpreußens fort, das seit der Pest 1709 bis 1711 ja entvölkert darniederliegt und der intensivsten "Entwicklungshilfe" bedarf. – Der königliche Kunstbanause, der kulturell angeblich nichts geschaffen hat, beginnt 1715 den Ausbau und die Erweiterung Potsdams.
In das Jahr 1717 fällt das Edikt zum Schulzwang für Kinder in Orten, die schon Schulen haben. Zugleich wird in der Justizreform

Gemälde von Hugo Vogel: Friedrich Wilhelm I. beaufsichtigt den Aufbau der Friedrichstadt.

mit der "Kriminalordnung", die eine Überleitung vom gemeinrechtlichen Inquisitionsprozeß zum schöffengerichtlichen Verfahren darstellt, ein erstes Teilergebnis erreicht. – In Berlin entsteht in der Charité ein Hospital, mit dem sich eine Lehrstätte für Mediziner, das Theatrum Anatonicum, verbindet.
1718 stärkt der Monarch nach dem merkantilistischen Prinzip die Nationalwirtschaft durch ein Ausfuhrverbot für Rohwolle und die Erhöhung der Zolltarife.

Diese wenigen Einzelheiten veranschaulichen sicher schlaglichtartig, wie sehr Friedrich Wilhelms Regierungsbeginn ein Bruch mit der Vergangenheit gewesen ist. Ein Umriß wie dieser macht es aber leider unmöglich, die Entwicklungen ab 1713 auch nur einigermaßen ausreichend zu zeichnen, weshalb lediglich bis 1740 Erreichtes und Weiterwirkendes punktuell hervorgehoben sei.
Die Generalidee über 27 Jahre bleibt, dem Lande jenen festen Rahmen zu geben, in dessen Schutz der Untertan ungefährdet werken kann. Dem dienen alle Verfügungen zur einleitenden Heeresreorganisation und der sie begleitenden Staatsreform. Allerdings ist es schwer, in einer Gegenwart wie unserer, die eine zu weit vordringende Ungebundenheit mit dem problematischen "So wenig Staat wie möglich" erstrebt, einem die "Gesellschaft" aufsplitternden Pluralismus huldigt und partikularistischen Eigensinn oder individuelle Sonderinteressen prinzipiell vorrangig erfüllt sehen will, verständlich zu machen, was demgegenüber landesfürstlicher Wille im Gesamtinteresse, der Primat der Staatsraison, die Ausrichtung des einzelnen auf dieses allgemeine Wohl und die Durchsetzung harter Strukturen dazu als Fortschritt damals bedeutet haben. Jedenfalls geht die Rechnung des Königs auf.

Im Zuge der Heeresreorganisation beleben pünktliche Soldzahlung, Privateinquartierung und Selbstverpflegung der Soldaten, deren Verheiratung, das Ansteigen der Geburtenzahl und der Familienzuzug, die Ausrüstung der Armee mit leichten und schweren Waffen, ihre Uniformierung sowie die Ausstattung mit Munition und Gerät aller Art Produktion, Handel und Gewerbe. Die

Steuereinnahmen erhöhen sich, so daß die nationalökonomische Bedeutung der Aufrüstung in der Tat darin liegt: Sie wird zum Schwungrad des wirtschaftlichen Verkehrs in den Garnisonstädten!

Auch rein von der Zahl her überzeugt das Ergebnis. Am 31. Mai 1740 zählt das Heer 35 Infanterieregimenter mit 67 Bataillonen, 12 Kürassierregimenter mit 60, 6 Dragoner- und 2 Husarenregimenter mit 45 bzw. .6, also 111 Schwadronen. Das entspricht gegenüber dem 27.2.1713 einer Vermehrung der Infanterie um 76,35 Prozent und der Kavallerie um 109,45 Prozent. Die Gesamtstärke klettert auf 83.500 Mann oder um 117 Prozent. In dieser Zahl sind 4 Garnisons-Bataillone, 4 Landregimenter, die Feld- bzw. Festungsartillerie und ein "Ingenieurkorps" von 30 Mann als Kern einer neuen Pionierwaffe enthalten. Außerdem kommt zu den Festungen Wesel und Magdeburg ab Januar 1720 Stettin als befestigter Platz hinzu. Damit hat Friedrich Wilhelm die Waffe zur Selbstbehauptung in der Hand.

Allein mit dieser truppenorganisatorischen Heeresverstärkung, die zudem die Armee im Grundsatz operativ erheblich beweglicher und als militärstrategisches Instrument in Abwehr und Angriff gefährlicher macht, ist das Wesentliche und Bleibende der königlichen Leistung noch nicht angesprochen.

Es liegt darin, daß der Monarch sein Heer mit dem Staat verknüpft, den Offizier wie den gemeinen Mann an sein Vaterland bindet. Zwar muß dieser stabilisierende Vorgang selbstredend auf die Realitäten des 18. Jahrhunderts hin, wo der Vaterlandsbegriff sich im Souverän kristallisierte, relativiert werden. Er bleibt aber selbst dann noch einprägsam genug!

In der Offizierersatzfrage findet der König schon 1717 im Rückgriff auf die Zweit- und Nachgeborenen des eingesessenen Adels die Lösung. Damit führt er einen einst renitenten Stand an die Krone heran. Er vermittelt ihm – zugleich als Standesgenosse primus inter pares – in diesem Dienst die gleiche Treue- und Ehrauffassung sowie die "Ambition", d. h. den naturgegebenen Berufsehrgeiz nun als Ethos in der Pflichtenlehre, vorbildlich und gehorsam, mutig und tapfer zu sein. – Zum anderen: In der Mannschaftsersatzfrage schält sich erst in 20 Jahren über Mißhelligkeiten und Härten, über das Nein zur Zwangs- und Inlandswerbung eine heimatbezogene, bodenständige Regelung für die Aufbringung heraus, die zwischen Bevölkerung und Armee die ersten Bande knüpft und letztere förmlich "in der Scholle verwurzelt". Denn auf der Basis des Kantonssystems, einer allgemeinen Dienstpflicht der Bauernsöhne, Handwerksgesellen und des "unnützen Gesindels", sind ab 15. September 1733 alle Landesteile in Bezirke eingeteilt, aus denen im Frieden jährlich 30, im Kriege 100 Männer zur Fahne geholt werden können. Jedoch ist diese Wehrordnung nur eine vage Vorform der späteren allgemeinen Wehrpflicht!

Ohne Zweifel ist dieser Heeresorganismus auch als gnadenlose Zucht- und Zwangsanstalt für den gemeinen Soldaten infolge Prügel, absolutem Gehorsam und Desertion eindeutigen Fehlentwicklungen unterworfen. Doch macht man es sich zu leicht, läßt man es bei diesen Simplifizierungen bewenden, zumal sicher nicht der nur formale, wohl aber die "preußische Freiheit im Gehorsam" für die verantwortliche Führerpersönlichkeit die klare Scheidung kennt, daß man nämlich Ungnade wählt, wenn Subordination nicht Ehre bringt! So gesehen steht ein solcher Gehorsamsbegriff weit weniger dem "Kadaver" als vielmehr dem aus dem Mittelalter überlieferten Widerstandsrecht nahe, weil er in der Krise in sein Gegenteil "umfunktioniert" werden kann, in dem sich dann die sittlich begründete Auflehnung gegen eine amoralische Gewalt auf einen höheren, religiös-humanitär fundierten Gehorsam beruft, wie noch einmal am 20. Juli 1944 deutsche Männer in Uniform und Zivil preußische Gesinnung vor der Geschichte überzeugend bekundet haben.

Die der Heeresreorganisation parallellaufende große Staatsreform Friedrich Wilhelms weist ebenfalls in die Zukunft. Sie ist darauf gerichtet, daß Verwaltung und Wirtschaft effizient arbeiten und in ihren Mechanismen geräuschloser als bisher ineinandergreifen. Konzentration in der Führung ist das anvisierte Ziel. Zehn Jahre lang verfolgt der König den knirschenden Ablauf, ohne ein befriedigendes Ergebnis registrieren zu können. Dann greift er die

Anregung des "Alten Dessauers" auf und beseitigt 1723 den bisherigen Dualismus von Generalfinanzdirektorium und Generalkriegskommissariat, indem er eine neue, auf drei Zentralinstanzen reduzierte Spitzengliederung verfügt. Es bleiben von früher her der seit 1737 auf die Fachdepartments Kultus und Justiz verringerte "Geheime Rat" und der "Geheime Staatsrat", letzterer eine Konferenz der Minister aller Zentralbehörden. Daneben tritt jedoch als alleinige oberste Regierungsbehörde das "Generaldirektorium", das zwar noch in vier Provinzialdepartements, die zugleich die jeweiligen Provinzregierungen bilden, territorial aufgefaßt ist, aber schon ab 1740 Fachdepartements für Post- und Münzwesen, Handel, Bergwerke und Hütten, Forsten, Akzise und Zoll – also die Keimzellen sachbezogener ministerieller Ressorts des künftigen Groß- und Einheitsstaats enthält. 1728 unterstellt sich der Monarch ein selbständiges Departement für Auswärtiges. Diese staatsorganisatorische Straffung wird in den nachgeordneten Bereich fortgesetzt, in dem ab 1723 die Kriegs- und Domänenkammern die Träger des landesherrlichen Wollens und der "polizeilichen Exekutive" werden. Letztere bedeutet natürlich damals nicht das, was wir heute darunter verstehen und mit "Polizei-Staat" absolut mißdeuten, sondern in Hinsicht auf die wirtschaftlich-fiskalische "Wohlfahrt des Staates" etwas völlig anderes – nämliche die behördliche "Pflege des gesamtwirtschaftlichen Lebens zugunsten der königlichen Einkünfte", wie der Verfassungshistoriker Fritz Hartung es präzisiert.

Um dieser Gliederung weiterhin ein solides und gewissenhaftes Finanz- und Steuerwesen, das aus dem Schuldenberg Friedrichs I. in 25 Jahren einen "Juliusturm" als Staatsschatz von 10 Millionen Talern baut, zuzuordnen, wird die Oberrechenkammer 1723 in die dem Generaldirektorium unterstellte Generalrechenkammer überführt – ein Verantwortungsbereich, den in gleicher Funktion der Bundesrechnungshof heute noch wahrnimmt.
Freilich, die respektable Leistung einer Heeresreorganisation und Staatsreform war nicht in einer Berufsauffassung, wie sie bisher den Dienst für den König kennzeichnet, zu erbringen. Deshalb ist eine der bis in die Gegenwart wirksamen Großtaten jener vorfriderizianischen Epoche die Ausrottung des korrupten

Typus im Zivil- wie übrigens auch im Soldatendienst sowie die Aufhebung des staatlichen Amts als Erwerbsquelle gewesen. Auf die veränderte innere und äußere Position des Offiziers wurde schon hingedeutet – und Beamte sind im 18. Jahrhundert nur die Amtsleute auf den Domänen. Was nun für diese und alle anderen Zivilbediensteten symptomatisch wird, ist, daß sie jetzt im Dienst für den Souverän "Leib und Leben, Hab und Gut, Ehre und Gewissen" einsetzen sollen. Wichtiger gegenüber kargem Lohn wird das wechselseitige Treueverhältnis und die Pflichterfüllung. Unredlichkeit, Eigeninteresse und Unterschleife verschwinden weitgehend. Wenn auch über 250 Jahre in der Praxis gegenüber diesem Erziehungsziel das Menschlich-Allzumenschliche immer wieder durchschlägt, so ist ebenso unzweifelhaft, daß ab 1713 den ganzen Staatsdienst als moralisches Prinzip Akkuratesse und Lauterkeit auszeichnen. "Preußisch sein" – das heißt überdies jetzt, eine Sache um ihrer selbst willen tun, Grundsatz und Motivation, die heute allerdings nicht mehr unbedingt "in" sind!

Allein, nicht nur hier, sondern auch im Personalsektor des Handwerks vollzieht sich eine bemerkenswerte Änderung. Die Reform des Zunftwesens ist ein weiteres Verdienst des Königs. Seine Initiativen auf diesem Gebiet haben nicht nur die Voraussetzungen für ein allgemein verbindliches Reichsgesetz von 1731 gefördert, sondern durch Überprüfen aller Privilegien und Gildebriefe zwischen 1732 und 1735 ein neues staatliches Gewerberecht geschaffen, in dem ein deutlicher Realismus die Wirksamkeit der gewerblichen Organisationen befruchtet, obwohl die Zünfte ihre Selbständigkeit verlieren und nur noch Organe einer staatlichen Gewerbepolizei sind.

So mag ein Blick auf die Wirtschaft 1725/33 den Aufschwung des sich vom Feudal-Agrarischen zum Bürokratisch-Gewerblich-Industriellen wandelnden Landes bestätigen. Der gesamte Domanialbesitz ist mit Musterlandwirten besetzt, um vielerorts ein Beispiel für eine rentable Landwirtschaft zu geben. Der König kümmert sich dabei um Kostenkontrolle, Festlegung der Bodenschläge, Saatgut, Fruchtfolge, Berieselung oder um Gerät, Pferdezucht, Milchvieh, den Anbau von Obstbäumen. Ab 1720 legt er – zunächst zur fallweisen Verteilung an Unvermögende – Getreidemagazine an. Er kauft hierzu bei ergiebigen Ernten und niedrigen Preisen, gute Konditionen bietend, groß ein, um bei schlechten Ernten und hohem Preis bei günstigen Bedingungen aus den schließlich 21 Magazinen – davon acht in Ostpreußen – zu verkaufen. Diese Preisregulierung läuft mit den Anfängen agrarischen Schutzes parallel: Ab 1722 werden die Getreideeinfuhren aus Polen verboten. Zudem schirmen jetzt Zölle die Nationalwirtschaft ab, die in Wollspinnereien und Tuchherstellung bis zu feiner Ware eine ganze Textilindustrie und außerdem in Geräte-, Wagen- und Waffenfabriken langsam eine erstklassige Eisen- und Holzverarbeitung sowie andere Industrien aufbaut, welche der Monarch durch staatlich beaufsichtigte Investitionszuschüsse noch fördert. Bis 1740 wird ein Exportüberschuß allerdings nicht erreicht. Gleichwohl – man ist auf gutem Wege.

Gemälde von Neuhaus: Friedrich Wilhelm I. auf einer Inspektionsfahrt begegnet einem Zug Salzburger Emigranten.

Ein Blick auf die Wirtschaft jedoch ist ohne Erwähnen der zahlreichen kolonisatorischen Anstrengungen des Königs nicht tief genug, wie überhaupt dieser Mann ohne das Charakteristikum "Kolonisator" undenkbar ist. Hier ist es vor allem Preußen, das unseren Blick auf sich zieht und wo seit 1713 60.000 Hufe wüstliegen, weshalb es zu seiner Genesung, des "Retablissements", großzügiger Unterstützung bedarf. Aus diesem Grunde lockt Friedrich Wilhelm nicht nur bis 1725 über 10.000 Neusiedler aus dem zivilisierteren Westen nach dem Osten, denen dann 1732 die über 20.000 protestantischen Salzburger folgen, so daß letztlich jede fünfte Familie im Lande eine Kolonistenfamilie ist, sondern er gibt auch finanzielle Spritzen. Wenn diese Kulturtat ihrer vielen Rückschläge wegen obendrein mehr als mühevoll bezeichnet werden muß und dem König nicht nur einmal das Stöhnen entlockt: "Preußen Ruinieret mich totahll, das frißt mir auf!", so sind am Ende doch 350 Dörfer neu erstanden, so daß der Plusmacher befriedigt auf eine aufblühende Provinz blicken darf, die sie bis 1945 geblieben ist. So geht es überall voran!

Nicht uninteressant ist folglich, was sich unter Friedrich Wilhelm im Bereich von Wissenschaft und Bildung tut, denn natürlich gewinnt hier der Staatspraktiker nur den "nützlichen Fakultäten" etwas ab, also der Theologie, den Naturwissenschaften und der Medizin. Nachdem aber Finanz-, Wirtschafts-, Verwaltungs- und Staatsrechtsfragen neuen Lehrstoff bieten, darf man auf die Reaktion gespannt sein. Der Durchbruch ist vollkommen. Die Universitäten Halle und Frankfurt/Oder erhalten 1727 für die "Kameralwissenschaften" Lehrstühle, von denen herab die Vorlesungen nicht wie bisher üblich in Latein, sondern in deutscher Sprache gehalten werden. Damit etablieren sich Volkswirtschaft und Staatswissenschaften im Hochschulprogramm. Allein, wer weiß das alles heute?

Auch eine lebhafte Bautätigkeit ist im Lande zu beobachten, in der sich 1740 Berlin und Potsdam als aufstrebende Residenzen präsentieren. Neben anderen namhaften Profan- und Sakralbauten führt der König 1716 den Schloßbau an der Spree, 1732 den Umbau des Kronprinzenpalais und 1736 des Schlosses in Rheinsberg zu Ende. Berlin besitzt im "Lagerhaus" seit 1713 die größte Textilmanufaktur des Königreichs. Potsdam, das nach niederländischem Vorbild Kanäle und Brücken, Kirchen und Türme sowie eine Fülle schmucker Barockbauten erhält, hat u. a. seit 1732/35 nun seine reizvolle Garnisonkirche, deren Glockenspiel seit 1797 halbstündlich die preußische Maxime "Üb' immer Treu und Redlichkeit" verkündet, und seit 1722/30 in seiner Gewehr- und Tuch-, Seiden- und Tabakfabrik namhafte Produktionsstätten. Unersetzliches ist heute zerstört, nachdem der letzte Krieg große Teile der zwischen 1640/1740 in beiden Städten gewachsenen baukünstlerischen Substanz ausgelöscht hat.

Auch auf diesem Bild (Künstler unbekannt) empfängt der König Emigranten, die der Bischof von Salzburg ausgewiesen hat und die in Preußen eine neue Heimat fanden.

Nur auf wenigen Gebieten sind die Fortschritte zögernd, treten zukunftswirksame Lösungen erst später zutage. Kirchen- und Schulpolitik zeichnen sich durch einen praktizierten, toleranten wie undogmatischen Pietismus aus. Obwohl Friedrich Wilhelm Jesuiten nicht duldet, geraten unter seiner Regierung die Glaubensgegensätze nicht ins Extrem. Sorgsam achtet er darauf, daß sich die Kirche nicht in die Angelegenheiten des Staates mischt, während er den Kontakt von Schule zur Kirche durchaus begrüßt. Und wieder zeigt sich im Gottesdienstablauf ein typisch königlicher Eingriff: Der Pastor hat nach dem Rinnen einer Sanduhr zu predigen, damit die Auslegung der Bibel nicht zum zeitschindenden Geschwafel wird, sondern zur ebenso präzisen und eingängigen wie kurzen, intensiven Konzentration auf das Wort Gottes. Die Zahl der Volksschulen erhöht sich um mehr als 2.000. Nachdem Kirchen- häufig Schulbauten nach sich ziehen, entwickelt sich das Schulwesen trotz aller Mängel günstig in Richtung auf die im Grundsatz schon verfügte allgemeine Schulpflicht, die erst nach 1740 voll realisiert werden kann.

Auch 1740 hat Friedrich Wilhelm in der angestrebten Justizreform noch nicht viel erreicht. Die Reform erschien ihm nötig, weil nach seiner Ansicht der schleppende Gang der Gerichtsverfahren auf die verzögernden Manipulationen der Anwälte zurückzuführen war. Aber, er hat 1737 in Samuel von Cocceji den Mann gefunden, den er an die Spitze des Justizwesens stellen kann, nachdem dieser 1721 das ostpreußische Landrecht neugefaßt und bemerkenswerte Beispiele seiner Ideen gegeben hatte. Als Großkanzler wird Cocceji von 1747 an voll wirksam werden.

Eine deutliche Schwäche Friedrich Wilhelms liegt im außenpolitischen Bereich. Hier ist er, obgleich bauernschlau, für die aalglatte Diplomatie nicht elastisch genug, zu bieder-anständig für Winkelzüge und von der Furcht erfüllt, hereingelegt zu werden. Täuschung als Arbeitsprinzip widerstrebt seinem geraden Sinn. Demnach finden wir hier mehr Enttäuschungen als Erfolge. Den zumeist zeitgebundenen, von der geschichtlichen Entwicklung aufgesogenen Ergebnissen steht als Bleibendes lediglich 1720 der Erwerb Vorpommerns mit Stettin, Usedom und Wollin gegenüber, womit Brandenburg-Preußen erstmalig einen ausbaufähigen

Friedrich Wilhelm I. in einem Selbstbildnis von 1737. Der König hatte zu malen begonnen und signierte die Bilder, da er bereits zu dieser Zeit unter schwerer Gicht litt, mit "in tormentis pinxit" – unter Qualen gemalt.

Hafen an der Mündung eines großen Flusses erhält. Aber so, wie Ostpreußen und Pommern 1944/45 verlorengehen, so liegen heute die Kerngebiete Brandenburgs ostwärts der Weser außerhalb unseres Staatsgebietes, weshalb wir im Westen nur noch auf Kleve, Mark und Ravensberg, Geldern, Tecklenburg und Minden als brandenburgisches Erbe von 1740 verweisen können.

Will man die Regierungszeit Friedrich Wilhelms I. in einen Schlußgedanken fassen, so kann dieser nur lauten: "Paroll auf dieser weldt ist nichts als Mühe und Arbeit!" Den Einwohnern mit 2,5 Millionen nach rangiert Brandenburg-Preußen 1740 in Europa an 13., dem Umfang seines Staatsgebiets nach an 10., jedoch der Stärke seiner Armee entsprechend an 4. Stelle. Wenn primär für ein "Entwicklungsland" kaum das "soziale Netz", sondern die korrekte Staatsverwaltung und die Arbeitsdynamik der Bevölkerung Zielvorstellungen sein müssen, so hat der König hier ein Signal gesetzt. Sein reformbewußter Fürstenstaat mit einer seiner Zeit gemäßen brillanten inneren Struktur erreicht die gesetzten Ziele unter dem monarchischen Absolutismus und der ständischen Gliederung seiner Gesellschaft in einer ungeheuren Kraftanstrengung, ohne dabei den friedfertigen, konservativ-defensiven Charakter seiner Innen- und Außenpolitik aufgeben zu müssen. Wenn wir diesen simplifiziert vielgeschmähten "militaristischen Obrigkeits-, Polizei- und Beamtenstaat" in den historischen Prozeß einordnen, dürfen wir feststellen: Das unter Friedrich Wilhelm I. dem Rüstungsdruck einer Verdoppelung seiner Armee ausgesetzte Land wird nicht nur durch eine gewissenhafte Verwaltung, eine künstliche wirtschaftliche Mobilisierung und "wohlfahrtspolizeiliche" Kontrolle seiner Aktivitäten in seiner finanziellen Leistungsfähigkeit gesteigert, sondern durch das Zurückpfeifen egoistischer Interessengruppen gegenüber der Staatsraison, der zu folgen ist, auf eine Höhe gehoben, die es im Kräftespiel der Großmächte unmöglich macht, Brandenburg-Preußen zu übersehen.

Krisen und Qualen

Es wäre verfehlt, diese respektable Regierungsleistung herauszustellen, ohne zugleich die düstere Hintergrundszenerie zu erwähnen, vor der das ”Minutenbuch” des königlichen Lastträgers geführt wird. Seit der schweren Malariaerkrankung – schon 1704! – ist Friedrich Wilhelms Gesundheitszustand labil, die Atemlosigkeit seines Arbeitsfanatismus bleibt nicht ohne Folge, depressive Phasen erzeugen früh Todesahnungen. Schon 1722 schreibt er sein Testament. Die Verquickung von Familienquerelen und Krankheitsschüben ist der modrige Nährboden für ein beispielloses seelisches und körperliches Martyrium. Die letzten zehn Jahre werden zu einer Passion ohne Maß.
Sie kündigt sich 1725 mit dem Projekt der englischen Doppelheirat für Wilhelmine und Friedrich, das ihre Mutter Sophie Dorothea mitleidlos verfolgt, an und wird zu einer nervtötenden Dauerbelastung über sieben Jahre. Der Generationenkonflikt kommt hinzu; er artet in Unmenschlichkeit aus. In Mißtrauen und Hinterlist allüberall gipfelt er am 4./5. August 1730 im vielbeschriebenen Fluchtversuch des Kronprinzen, dem Prozeß und der spektakulären Hinrichtung Kattes.

Nach der Rückkehr aus dem Feldlager Ende August 1734 eskalieren die in Intervallen folgenden, anfallartig-fiebrigen bisherigen Unpäßlichkeiten zu einem totalen Zusammenbruch. Ein monatelanger Kampf auf Leben und Tod beginnt. Der schwerwiegende Herzschaden, der zu höchster Angst und Atemnot führt, die Wassersucht und Gicht mit ihren unbeschreiblichen Schmerzen stürzen den König in tiefste Hoffnungslosigkeit. Das erste Statthalterdekret für Friedrich wird ausgefertigt. Der Vater wünscht ”eher den Tod, als so weiterleben” zu müssen. Doch die gräßlichen Begleiterscheinungen dieses Tobens im Organismus, die im Kranken die aufregendsten Unberechenbarkeiten seiner Umwelt gegenüber auslösen, leiten zu einer Periode über, in der sich der Stimmungswechsel bei zunehmender Besserung bis zur gewohnten Arbeitsdynamik steigert, um dann – vermutlich wegen des Zuviel – wieder von Rückfällen und jämmerlichen Qualen abgelöst zu werden.

Der König gesundet nicht mehr. Vorübergehend sucht er Linderung in der Hobby-Malerei und signiert die Bilder mit "in tormentis pinxit" (unter Schmerzen gemalt). Die von ihm gestifteten Ehen stehen unter einem Unstern und erzeugen kontinuierlich Ärger. Andere Enttäuschungen, die aus diplomatischen Demarchen oder Mißerfolgen entstehen, lassen letztendlich 1738 nach 25 Regierungsjahren die Überlegung, abzudanken und sich nach Hoenslardyck in Holland oder Wusterhausen zurückzuziehen, reifen. Diesem im Leiden gebeutelten, von ständiger Beschwernis und Schlaflosigkeit verfolgten Individuum, das der Endphase seiner Marter entgegengeht, muß ein gerechtes Urteil viele cholerischen Hemmungslosigkeiten in solch jahrelangem Sterben zugutehalten.

Die Zeichnung von Adolf von Menzel zeigt den Kronprinzen Friedrich während des von seinem Vater angeordneten Verhörs, nachdem sein Fluchtversuch gescheitert war. Zur Überraschung der Anwesenden verteidigte sich der Kronprinz geschickt und voller Kühle.

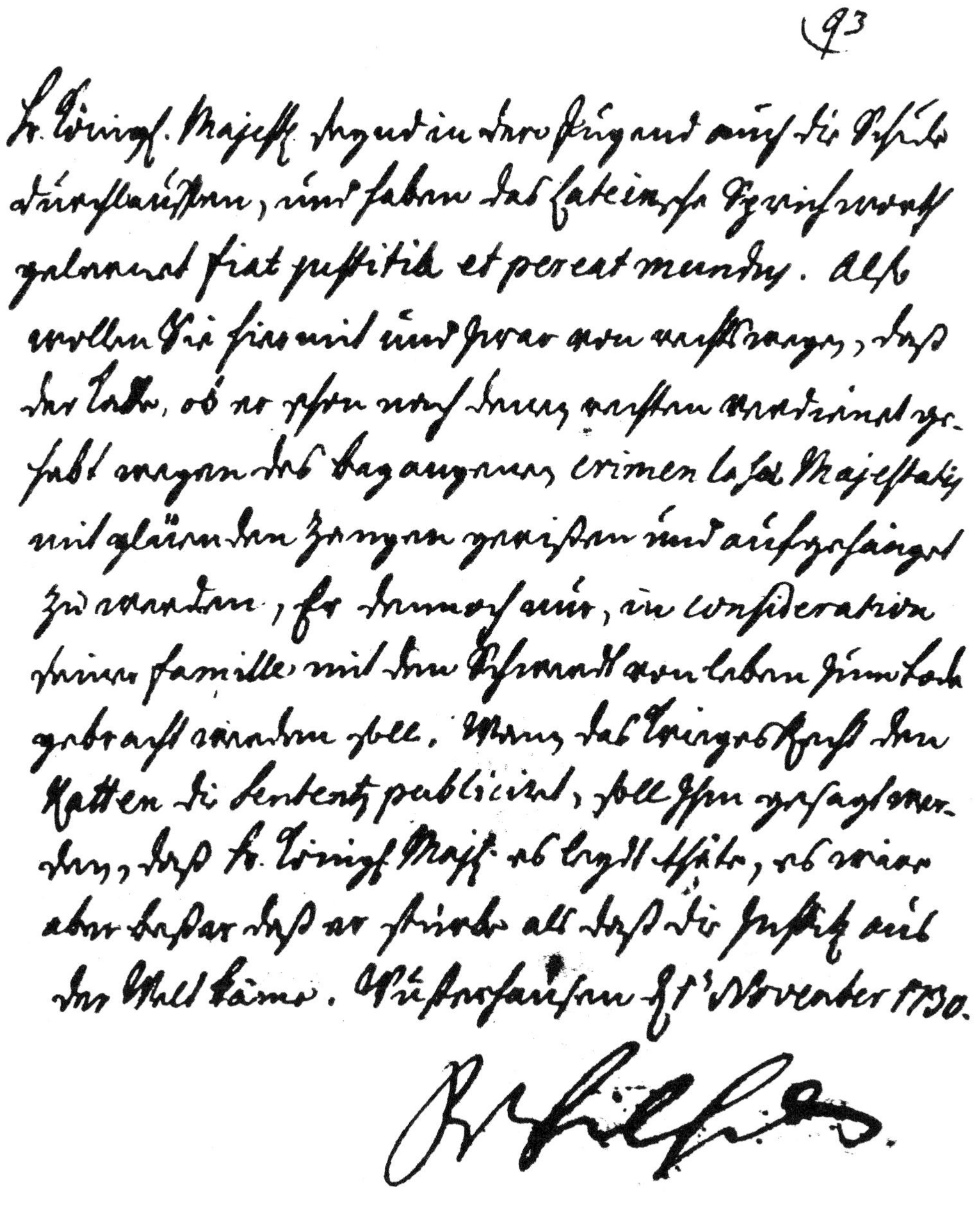
93

Sr. Königl. Majestät seynd in Dero Jugend auch durch die Schule
durchgelauffen, und haben das Lateinische Sprichwort
gelernet fiat justitia et pereat mundus. Also
wollen Sie hiermit und zwar von rechtswegen, daß
der Katte, ob er schon nach denen Rechten verdienet ge-
habt wegen des begangenen crimen laesae Majestatis
mit glüenden Zangen gerissen und aufgehänget
zu werden, Sie dennoch nur, in consideration
seiner familie mit dem Schwerdt vom leben zum tode
gebracht werden solle. Wenn das Kriegsrecht dem
Katten die sentenz publiciret, soll ihm gesagt wer-
den, daß Sr. Königl. Majest. es leydt thäte, es wäre
aber besser daß er stürbe als daß die justitz aus
der Welt käme. Wusterhausen d. 1. November 1730.

FWilhelm

Die letzte Seite des Todesurteils gegen Katte (1. 11. 1730) mit dem Schlußsatz: ". . . aber besser, daß er stürbe, als daß die Justiz aus der Welt kommt . . ."

Die Menzel-Zeichung hält den Augenblick fest, da der wegen Anstiftung und Hilfe beim Fluchtversuch des Kronprinzen zum Tode verurteilte Leutnant Katte zur Hinrichtung geführt wird. Friedrich fleht ihn hinter dem vergitterten Fenster um Verzeihung an.

(Weiteres siehe im Buch "FRIEDRICH UND KATTE – der Kronprinzenprozeß", im Podzun-Pallas-Verlag).

Vollendung

So, wie bis 1739 der Wille den König immer wieder hochreißt und vorübergehende Erleichterungen ein ertragbares Wirken gestatten, so macht sich Friedrich Wilhelm auch im Juli in Begleitung seines Sohnes zu seiner letzten großen Inspektion, zur letzten Preußen-Reise auf, von der er am 11. August tiefbefriedigt zurückkehrt. Aber im Herbst muß er für diese Strapaze den fälligen Tribut zahlen. Die gesundheitlichen Zuspitzungen stellen sich unausweichlich wieder ein. Dem Monarchen geht es den Winter 1739/40 über beängstigend schlecht. Die ironisch-suffisanten Bemerkungen Friedrichs über den "Dickwanst" erscheinen bis dahin als Zeugnis jugendlich-verständnisloser Überheblichkeit wie auch als Nachweis für einen keinesfalls realisierten Ausgleich. Dann tritt Besserung ein, die den König bestimmt, gleich im aufbrechenden Frühling Ende April 1740 nach Potsdam zu gehen.

Diesmal spürt Friedrich Wilhelm, daß er ein letztes Mal hinausfährt. Der zutiefst gläubige Mann richtet sich im vollen Bewußtsein zu einer schweren "Abdankung", der er in der lebenslang bewiesenen Kontrolle des Details, in stoischer Gelassenheit begegnet. Er bestellt sein Haus. Sein Testament von 1722 enthält sein Glaubensbekenntnis, das – in heutige Schreibweise übertragen – neben der Warnung vor ungerechten Kriegen folgenden Rat erteilt: "Denn ein Herrscher, der mit honneur in der Welt regieren will, muß seine Affairen alle selber tun, also seind die Regenten zur Arbeit erkoren und nicht zum flasken-faulen Weiberleben. Und wenn mein lieber Successor erstlich wird alles in Ordnung haben, alsdann wird's leicht gehen wie ein Musikstück. Der liebe Gott hat Euch auf den Thron gesetzt, nicht zu faulenzen, sondern zu arbeiten und seine Länder wohl zu regieren. Leider sind's die meisten großen Herren nicht, sondern gottlos, lassen ihren Ministern den Willen und belasten sich mit Mätressen und sardanapalischen Fleischeslüsten. Aber ich habe das feste Vertrauen zu meinem lieben Successor, daß er darinnen meinem Beispiel folgen und ein beispielhaftes Leben führen und fleißig arbeiten wird, alsdann Gott ihn gewiß segnen wird. – Eure Finanzen müßt Ihr selber und allein traktieren und das Kommando der Armee selber und allein bestellen und die zwei Hauptsachen allein verfügen, dadurch werdet Ihr die Autorität in der Armee durch den Oberbefehl und, weil Ihr den 'Knop auf den Beuttel' allein habt, die Liebe von Eueren Offizieren und Zivilbediensteten haben und von der ganzen Welt respektiert und bewundert werden. Daß Ihr so ein kluger und braver Herrscher seid, dazu verhelfe Euch Gott, der Allmächtige. Amen".

Der Kronprinz, der seit 1722 durch eine harte Lebensschule gegangen ist, wird im Auftrage seines Vaters von den Ministern Thulemeier und Boden Ende Mai in Ruppin aufgesucht und ausführlich über die laufenden inneren und äußeren Staatsangelegenheiten unterrichtet.

Der alternde König bei einem Besuch der Gärtnerei von Christian Späth. Gemälde von Hermann Clementz.

Danach ist der Mensch und Sünder Friedrich Wilhelm von Hohenzollern bereit, dem Tode entgegenzutreten. Eine große innere Ruhe kommt über ihn. Wenn er wirklich nach Carlyle ein "Berserker und unglaubliches Mannsbild" gewesen ist, so bezeugt er nun wahrhaft Größe! Sein skurriler Humor bricht gelegentlich durch, z. B. wenn er meint, sein Leibarzt Dr. Eller solle ihn weiter behandeln, er reiche völlig aus, ihn umzubringen. Er läßt seinen schlichten Eichensarg ins Sterbezimmer schaffen und betrachtet ihn gelassen. Die Armen Berlins haben längst 100.000 Taler zur Linderung ihrer Not erhalten. Alle Einzelheiten für eine wenig aufwendige Bestattung, bei der "keine Façons mit mir gemacht werden" sollen, und für die Leichenöffnung – der Krankheitsursache wegen! – sind getroffen. Er registriert an sich selbst den Fortschritt körperlichen Verfalls mit der gespannten Neugier eines forschenden Wissenschaftlers.

Vom 27. Mai 1740 ab ist mit dem Schlimmsten zu rechnen. Die Familie eilt herbei. Friedrich, den der Vater "gegen Pfingsten" gern hatte sehen wollen, wird gerufen und trifft auf schweißnassem Pferde ein. Er findet ihn in seinem Rollstuhl, Anordnungen für einen Neubau am nahen Marstall treffend, und bemerkt die Erleichterung, die sein Kommen in dem Todgeweihten auslöst. Am 28. Mai zieht sich der König mit dem Minister von Podewils und dem Sohn zu einer langen, persönlichen Rechenschaftslegung, einer förmlichen "Amts- und Befehlsübergabe", die sich unter Erstickungsanfällen bis zur Erschöpfung hinzieht, zurück: "Du wirst alles in meinen Marginalia finden, alle Motive und Demarchen, weil ich in allem, was ich getan, die Ehre und Mehrung des Hauses und die Wohlfahrt seiner Länder zum einzigen Augenmerk und zum Ziel aller Handlungen genommen." In diesem erregenden Moment scheint in Vater und Sohn der letzte innere Vorbehalt dem anderen gegenüber zu weichen, denn der König spürt aus dem Verhalten des Sohnes, daß er nicht umsonst gelebt hat, daß Friedrich auf dem Wege seines Vaters wohl fortfahren wird, wie er es übrigens schon 1734 seiner Schwester Wilhelmine mit den Worten, er wolle "alles auf demselben Fuß lassen", angedeutet hatte. Schließlich "beichtet" Friedrich Wilhelm, fast liebenswert in seiner Scheu – jedoch nur dem Sohn

Der König empfängt vor seinem Tode den Kronprinzen Friedrich. Holzschnitt von C. Becker.

gegenüber! – seine größte Missetat: Er gesteht die Nachweise über die 12 Millionen Taler seines kostenaufwendigsten Pläsirs, die Soldaten nämlich, - - - verbrannt zu haben. Er weist den Thronfolger an, die Leibgarde der "Langen Kerls" nach seinem Tode aufzulösen, zumal er für den bürgerlichen Unterhalt dieser seiner "lieben Kinder" ohnehin ausreichend vorgesorgt habe.

In den Rollstuhl schmerzlindernd gelagert, die großen blauen Augen überschwer von durchlittener Pein, abgezehrt mit aufgedunsenem Unterleib, mit Schatten und Furchen im verquollenen Antlitz, mit schwarzen Flecken allüberall, geplagt von Atemnot, macht sich Friedrich Wilhelm jetzt bewußt von allem los. "Ich bin müde zu leben", meint er. Der Sonntag Exaudi vor Pfingsten gehört der geistlichen Vorbereitung auf das Ende: Der vom Tode Gezeichnete läßt sich noch einmal in die Garnisonkirche bringen Er bereut und vergibt.

In den Nächten vor dem 31. Mai ist im Potsdamer Stadtschloß alles wach. Am Sterbetag um 7 Uhr früh befiehlt der König, ihn zum Abschied ein letztes Mal durch die Räume zu fahren. "Stehen Sie auf, ich habe nur noch wenige Stunden zu leben", bemerkt er. So kommt der Augenblick, nun auch de jure die Regierung dem Sohn zu übergeben. Die Abdankung wird zur offiziellen Bekanntgabe aktenkundig gemacht: ". . . Seine Königliche Majestät befiehlt auch allen und jenen, so gegenwärtig sind, nunmehr dem Kronprinzen alle untertänige Submission, Pflicht und Parition, auch Treue zu erweisen, eben als wenn der König bereits gestorben wäre." Er hat seine letzten Geschenke verteilt, letztmalig sein Regiment am Beginn des neuen Etatjahres in der neuen Montur gesehen und gelöst-flüsternd festgestellt, daß auch er sein Rechnungsjahr am 31. Mai nun ordnungsgemäß abgedient und daher nichts mehr zu befehlen habe. Dieser da ist der neue Herr, sagt sein Blick auf Friedrich, der etwas abseits die ersten Regierungsakte vornimmt. Um 15 Uhr setzt die Agonie ein, die Friedrich Wilhelm mit konstatierenden Anmerkungen wie "Der Puls bleibt ja gar nicht zurück" oder "Bis hierher bin ich schon tot" oder "Gottlob, nun ist alles vorüber" in lichten Momenten unterbricht.

Und dann, kaum vernehmbar, nur noch ein "Herr Jesu ... Gewinn im Leben ... wie im Sterben ..." Der Erdenweg des zweiten Königs in Preußen ist beendet.

Am Todestag segnet Friedrich Wilhelm Kronprinz Friedrich.

PERSÖNLICHKEIT UND GESCHICHTE

In Friedrich Wilhelm I. haben wir einen Herrscher vor uns, der in christlich-moralischem Bedenken, in lebenslanger Selbstüberwindung nur einem Gedanken dient: Preußen souverän zu sehen. Dieses Ziel verfolgt er nicht in einer oberflächlichen Gebietserweiterung oder in Kriegführung zu diesem Zweck, sondern in einer absoluten Konzentration auf die innere Struktur seines Staates, in der einseitig-großartigen Manifestation, daß jedermann "seine verfluchte Pflicht und Schuldigkeit" zu tun habe. Hierfür ist er kompromißlos bereit, selbst bis an die Grenze seiner eigenen Leistungsfähigkeit zu gehen. Eine aus Einsamkeit erwachsene Härte intensiviert seine Forderungen, die er als ungestümes Temperament in einem gewaltigen, stoßweise heftigen Energieeinsatz gegenüber jedem nur denkbaren Widerstand durchzusetzen unternimmt. So gelingt es ihm, ein autokratisches Regiment zu errichten, das sich durch eine straffe, monarchisch-militärische Staatsordnung auszeichnet, die in Armee und Verwaltung, in Wirtschaft und Gesellschaft von einer Arbeitsqualität erfüllt ist, welche Hervorhebung verdient. Selbstverständlich enthält dies vorfriderizianische Werk Schattenseiten und Unvollkommenheiten, die auch die Zeitgenossen unangenehm empfanden.
Der Mann an der Spitze dieses Brandenburg-Preußen ist kein Regent, der in eleganter Linienführung zu zeichnen wäre. Seine Kontur als Persönlichkeit braucht einen gröberen Griffel, um mit den Härten und Kanten, die Veranlagung und Lebensschicksal zu gleichen Teilen formen, zurechtzukommen. Friedrich Wilhelm steht als ungewöhnlich begabter Organisator vor uns, der keineswegs um sein Image bangt, sondern kühn-herausfordernd seinen einmal als richtig erkannten Weg verfolgt. Seine charakterlichen Schwierigkeiten und wesensbedingten Ungehobeltheiten stehen jenen Sehnsüchten gegenüber, die schlichtes Gottvertrauen, warmherzige Empfindsamkeit und ein lebhaftes Gemütsleben auslösen. Dazu kommt das manisch-depressive Naturell – was alles zusammengenommen in den Zuordnungen seines Geschicks keine Entkrampfung finden kann.

Friedrich Wilhelm I., Kurfürst von Brandenburg, ''Preußens größter 'innerer' König''? Ganz gewiß – freilich auch ganz schlicht: Ein Mensch in seinem Widerspruch, dessen wahrer Kern so leicht und so einfach nicht zu erschließen ist und der sich darum immer in der Gefahr sieht, in vielen Bezügen seiner individuellen Existenz verkannt zu werden.

Der Leichenwagen Friedrich Wilhelms I.
Die Stangen trugen zwölf Generalmajore, die vier Cordons vier Generalleutnante, die vier Zipfel des Leichentuches ebenfalls vier Generalleutnante.

AUSGEWÄHLTE BIBLIOGRAPHIE

Bleckwenn, Hans — 1713 – Preußen – 1740 / Herausforderung und Antwort in: Damals, 13. Jg., Heft 7 u. 8 / 1981. 37. S. Gießen: Damals, 1981.

Fischer-Fabian, S. — Preußens Gloria / Der Aufstieg eines Staates. S. 81–207. Locarno: Droemer-Knaur, 1979.

Friedrich der Große	Denkwürdigkeiten zur Geschichte des Hauses Brandenburg (Auswahl). 187 S. München: Heyne, 1963.
Hermann, Carl Hans	Das Zeitalter des Absolutismus in: Deutsche Militärgeschichte, S. 91 – 133. München: Bernard & Graefe, ³1979.
Hinrichs, Carl	Friedrich Wilhelm I., König in Preußen / Jugend und Aufstieg. 788 S. Darmstadt Wissenschaftl. Buchgesellschaft, 1968.
Hintze, Otto	Die Erwerbung der Königskrone und der Ausbau des militärischen Großstaates 1688–1740 in: Die Hohenzollern und ihr Werk. S. 254 – 321. Berlin: Parey, ⁷1916.
Klepper, Jochen	Der Vater / Roman eines Königs. 842 S. Stuttgart: DVA, 1937.
Koch, Hans-Joachim	Geschichte Preußens, 439 S. München: List, 1980.
Oestreich, Gerhard	Friedrich Wilhelm I. / Preußischer Absolutismus – Merkantilismus – Militarismus. 126 S. Göttingen: Musterschmidt, 1977.
–	Preußen / Versuch einer Bilanz, Katalog zur Berliner Ausstellung in 5 Bänden. Reinbek: Rowohlt, 1981.
Ranke, Leopold von	Preußische Geschichte, hg. von Willy Andreas, I. Teil. S. 384–564. Wiesbaden: Vollmer, 1975.
Schoeps, Hans Joachim	Preußen / Geschichte eines Staates, S. 47–61. Frankfurt/M: Ullstein, 1981.
Weber-Kellermann, Ingeborg (Hg.)	Eine preußische Königstochter / Glanz und Elend am Hofe des Soldatenkönigs in den Memoiren der Markgräfin Wilhelmine von Bayreuth. 500 S. Frankfurt/M: Insel, 1981.

Weber-Krohse, Otto — Friedrich Wilhelm, Statthalter und Amtmann Gottes auf Erden in: Sieben Preußen, S. 89–140. Gütersloh: Bertelsmann, 1942.

Potsdam vor der Zerstörung.
Der Blick durch die Kolonnaden des Stadtschlosses in Richtung Garnisonkirche.

DANKSAGUNG

Für die vorbildliche Besorgung umfangreicher Fachliteratur bin ich Herrn Bibliotheksoberamtsrat Kurt Krolinski, Leiter der Wehrtechnischen Bibliothek beim Bundeswehrbeschaffungsamt Koblenz, zu aufrichtigem Dank verpflichtet.